BEI GRIN MACHT SICH IHR WISSEN BEZAHLT

- Wir veröffentlichen Ihre Hausarbeit, Bachelor- und Masterarbeit

- Ihr eigenes eBook und Buch - weltweit in allen wichtigen Shops

- Verdienen Sie an jedem Verkauf

Jetzt bei www.GRIN.com hochladen
und kostenlos publizieren

Grundlagen des Controlling. Jahresabschlussanalyse, Kennzahlensysteme, Kostenrechnung

Josefine Dybza

Bibliografische Information der Deutschen Nationalbibliothek:

Die Deutsche Nationalbibliothek verzeichnet diese Publikation in der Deutschen Nationalbibliografie; detaillierte bibliografische Daten sind im Internet über http://dnb.d-nb.de abrufbar.

ISBN: 9783346375599
Dieses Buch ist auch als E-Book erhältlich.

Druck und Bindung: Books on Demand GmbH, Norderstedt Germany
Gedruckt auf säurefreiem Papier aus verantwortungsvollen Quellen

Das vorliegende Werk wurde sorgfältig erarbeitet. Dennoch übernehmen Autoren und Verlag für die Richtigkeit von Angaben, Hinweisen, Links und Ratschlägen sowie eventuelle Druckfehler keine Haftung.

Das Buch bei GRIN: https://www.grin.com/document/1001512

Deutsche Hochschule für

Prävention und Gesundheitsmanagement

Hermann Neuberger Sportschule 3

66123 Saarbrücken

Einsendeaufgabe

Fachmodul:	BWL III
Studiengang:	Bachelor Sportökonomie
Datum Präsenzphase:	22. - 25.01.2018
Name, Vorname:	Dybza, Josefine
Studienort:	**Stuttgart**
Semester:	**SS 2016**

Inhaltsverzeichnis

1   JAHRESABSCHLUSSANALYSE 3

1.1   Teilanalysen der Jahresabschlussanalyse 3

    1.1.1   Vertikale Strukturanalyse der Passivseite für 2015 und 2016 3

    1.1.2   Kurzfristige Finanzanalyse für 2015 und 2016 4

    1.1.3   Erfolgsanalyse (Rentabilitätskennzahlen) für 2015 und 2016 5

1.2   Wirtschaftliche Entwicklung 5

2   CONTROLLING.. 7

2.1   Entwicklung eines Kennzahlensystems 7

2.2   Entwicklung eines Controllingsystems...9

2.3   Interpretation eines Controllingsystems 11

3   KOSTENRECHNUNG 13

3.1   Zuschlagskalkulation..13

3.2   Deckungsbeitragsrechnung...14

3.3   Interpretation einer Deckungsbeitragsrechnung 15

4   LITERATURVERZEICHNIS 17

5   ABBILDUNGS- UND TABELLENVERZEICHNIS.. 17

5.1   Abbildungsverzeichnis...17

5.2   Tabellenverzeichnis 17

1 Jahresabschlussanalyse

1.1 Teilanalysen der Jahresabschlussanalyse

1.1.1 Vertikale Strukturanalyse der Passivseite für 2015 und 2016

Tabelle 1: Vertikale Strukturbilanz (Passivseite) für 2015 und 2016

Passiva	2015		2016	
	€ Tsd.	%	€ Tsd.	%
A. Eigenkapital				
Eigenkapital	1245,8	58,24	1428,0	52,46
∑ **Eigenkapital**	**1245,8**	**58,24**	**1428,0**	**52,46**
B. Fremdkapital				
Pensionsrückstellungen	35,0	1,64	35,6	1,31
Kurzfristige Rückstellungen	25,1	1,17	26,3	0,97
Langfristige Rückstellungen	45,2	2,11	38,6	1,42
Kurzfristige Verbindlichkeiten	291,5	13,63	360,6	13,25
langfristige Verbindlichkeiten	496,5	23,21	832,7	30,59
∑ **Fremdkapital**	**893,3**	**41,76**	**1293,8**	**47,54**
Bilanzsumme	**2139,1**	**100**	**2721,8**	**100**

Tabelle 2: Kennzahlen der vertikalen Strukturanalyse (Passivseite) für 2015 und 2016

Passiva	2015	2016
Kennzahl	**Eigenkapitalquote**	
Formel	EQ = (Eigenkapital : Gesamtkapital) x 100	
Rechenweg	(1 245 800 € : 2 139 100 €) x 100	(1 428 000 € : 2 721 800 €) x 100
Ergebnis	58,24 %	52,46 %
Kennzahl	**Fremdkapitalquote**	
Formel	FQ = (Fremdkapital : Gesamtkapital) x 100	
Rechenweg	(893 300 € : 2 139 100 €) x100	(1 293 800 € : 2 721 800 €) x 100
Ergebnis	41,76 %	47,53%
Kennzahl	**Verschuldungsgrad**	
Formel	VG = (Fremdkapital : Eigenkapital) x 100	
Rechenweg	(893 300 € : 1 245 800 €) x 100	(1 293 800 € : 1 428 000 €) x 100
Ergebnis	71,70 %	90,60 %

Kennzahl	Kapitalumschlagshäufigkeit	
Formel	USH (K) = Umsatz : Ø Gesamtkapital	
Rechenweg	3 150 257 € : ((2 139 100 € + 2 721 800 €) :2)	3 652 369 € : ((2 139 100 € + 2 721 800 €) :2)
Ergebnis	1,30	1,50

1.1.2 Kurzfristige Finanzanalyse für 2015 und 2016

Im Rahmen der Aufgabenstellung beschränkt sich die Berechnung innerhalb der kurzfristigen Finanzanalyse auf die Liquidität 1. Grades, des Cashflows und des Working Capital.

Tabelle 3: Kennzahlen der kurzfristigen Finanzanalyse für 2015 und 2016

	2015	2016
Kennzahl	Liquidität 1. Grades	
Formel	Liquidität 1.Grades = (Zahlungsmittelbestand : kurzfristige Verbindlichkeiten) x 100	
Rechen-weg	(83 500 € : 291 500 €) x 100	(119 100 € : 360 600 €) x 100
Ergebnis	28,64 %	33,03 %
Kennzahl	Cashflow	
Formel	Cashflow = Gewinn + Abschreibungen	
	Der Gewinn ist unbekannt und wird aus der Berechnungsformel der Gesamtkapitalrentabilität abgeleitet:	
	GKR = ((Gewinn + Fremdkapitalzinsen) : Gesamtkapital) x100	
	Die Fremdkapitalzinsen sind unbekannt und werden durch folgende Berechnungsformel ermittelt:	
	FKZ = langfristige Verbindlichkeiten x Fremdkapitalzinssatz	
Rechen-weg	FKZ = 496 500 € x 4,36 % = 21 647,40 € GKR = ((Gewinn + 21 647,40 €) : 2 139 100 €) x 100 5,25 % = ((Gewinn + 21 647,40 €) : 2 139 100 €) x 100 0,0525 = (Gewinn + 21 647,40 €) : 2 139 100 € 112 302,75 € = Gewinn + 21 647,40 € Gewinn = 90 655,35 € Cashflow =90655,35 € + 72 250 €	FKZ = 832 700 € x 2,33 % = 19 401, 91 € GKR= ((Gewinn + 19 401, 91 €) : 2 721 800 €) x 100 7,41 % = ((Gewinn + 19 401, 91 €) : 2 721 800 €) x 100 0,0741 = (Gewinn + 19 401,91 €) : 2 721 800 € 201 685,38 € = Gewinn + 19 401,91 € Gewinn = 182 283,47 € Cashflow = 182 283,47 € + 94 360 €
Ergebnis	169 205,35 €	276 643,47 €
Kennzahl	Working Capital	

Formel	Working Capital = Umlaufvermögen – kurzfristige Verbindlichkeiten	
Rechen-weg	651 400 € - 291 500 €	662 700 € - 360 600 €
Ergebnis	359 900 €	302 100 €

1.1.3 Erfolgsanalyse (Rentabilitätskennzahlen) für 2015 und 2016

Innerhalb dieser Erfolgsanalyse wird lediglich die Gewinnänderungsrate, die Eigenkapitalrentabilität und die Umsatzrentabilität berechnet.

Tabelle 4: Kennzahlen der Erfolgsanalyse für 2015 und 2016

	2015	2016
Kennzahl	**Gewinnänderungsrate**	
Formel	((Gewinn Geschäftsjahr : Gewinn Vorjahr) x 100) – 100%	
Rechenweg	Δ Gewinn = ((182 283,47 € : 90 655,35 €) x100) – 100 % Δ Gewinn = 201,07 % – 100 %	
Ergebnis	+ 101,07 %	
Kennzahl	**Eigenkapitalrentabilität**	
Formel	Eigenkapitalrentabilität = (Gewinn : Eigenkapital) x 100	
Rechenweg	EKR = (90 655,35 € : 1 245 800 €) x100	EKR = (182 283,47 € : 1 428 000) x100
Ergebnis	7,28 %	12,76 %
Kennzahl	**Umsatzrentabilität**	
Formel	Umsatzrentabilität = (Gewinn : Umsatz) x 100	
Rechenweg	UR = (90 655,35 € : 3 150 257 €) x100	UR = (182 283,47 € : 3 652 369 €) x100
Ergebnis	2,88 %	5,09 %

1.2 Wirtschaftliche Entwicklung

Die errechneten und gegebenen Bilanzkennzahlen geben Aufschluss über die wirtschaftliche Entwicklung der XY GmbH in den Geschäftsjahren 2015 und 2016.

Betrachtet man die vertikale Struktur der Passivseite des Unternehmens, wird die Zusammensetzung des Gesamtkapitals ersichtlich. Die Eigenkapitalquote liegt in beiden Geschäftsjahren bei über 50 % und bildet die größte Position. Negativ zeichnet sich der Rückgang der Eigenkapitalquote von 58,24 % im Jahr 2015 auf 52,46 % im Jahr 2016 mit 5,78 % ab. Diese Veränderung spiegelt sich in der Fremdkapitalquote ab. Diese steigt von 41,76 % im Jahr 2015 auf 47,53 % im Jahr 2016 um 5,77 %. Geht man davon aus, dass die XY GmbH der Fitness- und Gesundheitsbranche angehört, ist die gesamte Entwicklung und Kapitalstruktur des Unternehmens im Vergleich zum Branchendurchschnitt positiv (Mohr, 2016, S. 29).

Negativ ist die Entwicklung des Verschuldungsgrads, der von 71,70 % im Jahr 2015 mit 18,9 % auf 90,60 % im Jahr 2016 steigt. In Relation zum Branchendurchschnitt ist dieser Wert jedoch weiterhin als positiv zu interpretieren. Vergleichsweise liegt der Verschuldungsgrad der Fitnessbranche im Jahr 2014 bei 319 % (Mohr, 2016, S. 31). Die Gesamtkapitalrentabilität steigt hingegen in den betrachteten Jahren um über 2 % und zeigt die steigende Verzinsung des Gesamtkapitals im Unternehmen und gleichzeitig die Effizienz des eingesetzten Kapitals. Gleichzeitig steigt die Kapitalumschlagshäufigkeit geringfügig und reflektiert eine Steigerung der Produktivität der Firma.

Die Kennzahlen der kurzfristigen Finanzanalyse geben Informationen über die Fähigkeit des Unternehmens, seinen fälligen Zahlungsverpflichtungen jederzeit, termingerecht und vollständig nachkommen zu können. Hierbei ist der Verlauf der betrachteten Jahre positiv zu beurteilen. Die Liquidität 1. Grades steigt gegenüber dem Vorjahr und liegt bei durchschnittlich 30 % im Optimum. Nach Wöltje sollte die Liquidität 1. Grades vergleichsweise bei mindestens 20 % liegen (Wöltje, 2011, S. 171). Parallel erhöht sich der Cashflow zum Vorjahr über 100 000 € und zeigt in welcher Höhe die Firma aus eigener Kraft Finanzmittel erwirtschaftet hat. Einzig negativ entwickelt sich das Working Capital und sinkt zum Vorjahr um 50 000 €. Trotz dieser Entwicklung liegt der absolute Wert bei 300 000 €, womit das Unternehmen als effizient einzustufen ist.

Mittels der Erfolgsanalyse wird die Entwicklung des Gewinns und der Rentabilität der XY GmbH betrachtet. In beiden Jahren wurde ein Gewinn erwirtschaftet, wobei die Gewinnänderungsrate von über 100 % zeigt, dass sich der Gewinn im Jahr 2016 gegenüber dem Vorjahr mehr als verdoppelt hat. Gleichzeitig erhöht sich die Eigenkapitalrentabilität um 5 % und zeigt die erhöhte Verzinsung des eingesetzten Eigenkapitals. Folgend steigt die Gesamtkapitalrentabilität um rund 2 %. Die Verdopplung des Gewinns projiziert direkt auf die positive Entwicklung der Umsatzrentabilität, welche um rund 2 % steigt. Zusammenfassend ist die Entwicklung der XY GmbH als positiv zu beurteilen. Die Gesamtkapitalstruktur ist positiv, der dabei erhöhte Verschuldungsgrad könnte auf eine strategisch ausgerichtete Investition zurückzuführen sein. Die kurzfristige Finanzanalyse zeigt die Zahlungsfähigkeit und die Bonität des Unternehmens auf, was sich positiv auf zukünftige Geschäftspartner auswirken kann. Der betrachtete Gewinn als Teil der Erfolgsanalyse unterstreicht das wirtschaftliche Florieren der Firma.

2 Controlling

2.1 Entwicklung eines Kennzahlensystems

Im Anschluss soll das folgende Kennzahlensystem die Zusammenhänge zwischen mehreren Einzelkennzahlen mit Hilfe von mathematischen Operatoren verdeutlichen. Im Fokus steht die Gesamtkapitalrentabilität, die in einer sachlich sinnvollen Beziehung zu ausgewählten relevanten Kennzahlen in einer geordneten Gesamtheit gesetzt wird.

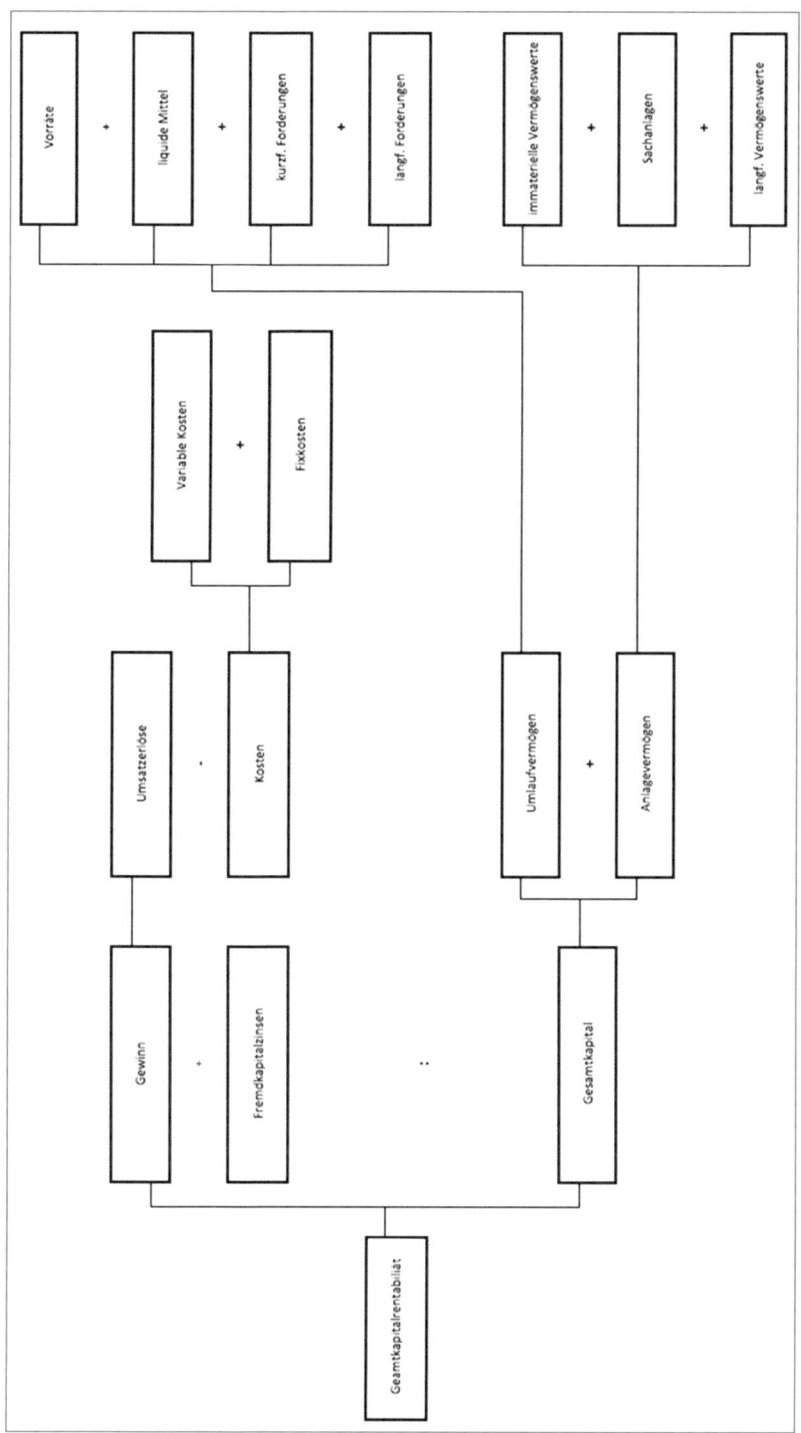

Abbildung 1: Kennzahlensystem (eigene Darstellung)

2.2 Entwicklung eines Controllingsystems

Das zuvor aufgestellte Kennzahlensystem der XY GmbH wird nun zu einem Controlling-system erweitert, indem es um monetäre Plan- und Istzahlen ergänzt wird. Als Basis für die Planzahlen 2016 dienen die Zahlen des Jahresabschlusses aus 2015.

Abbildung 2: Controllingsystem (eigene Darstellung)

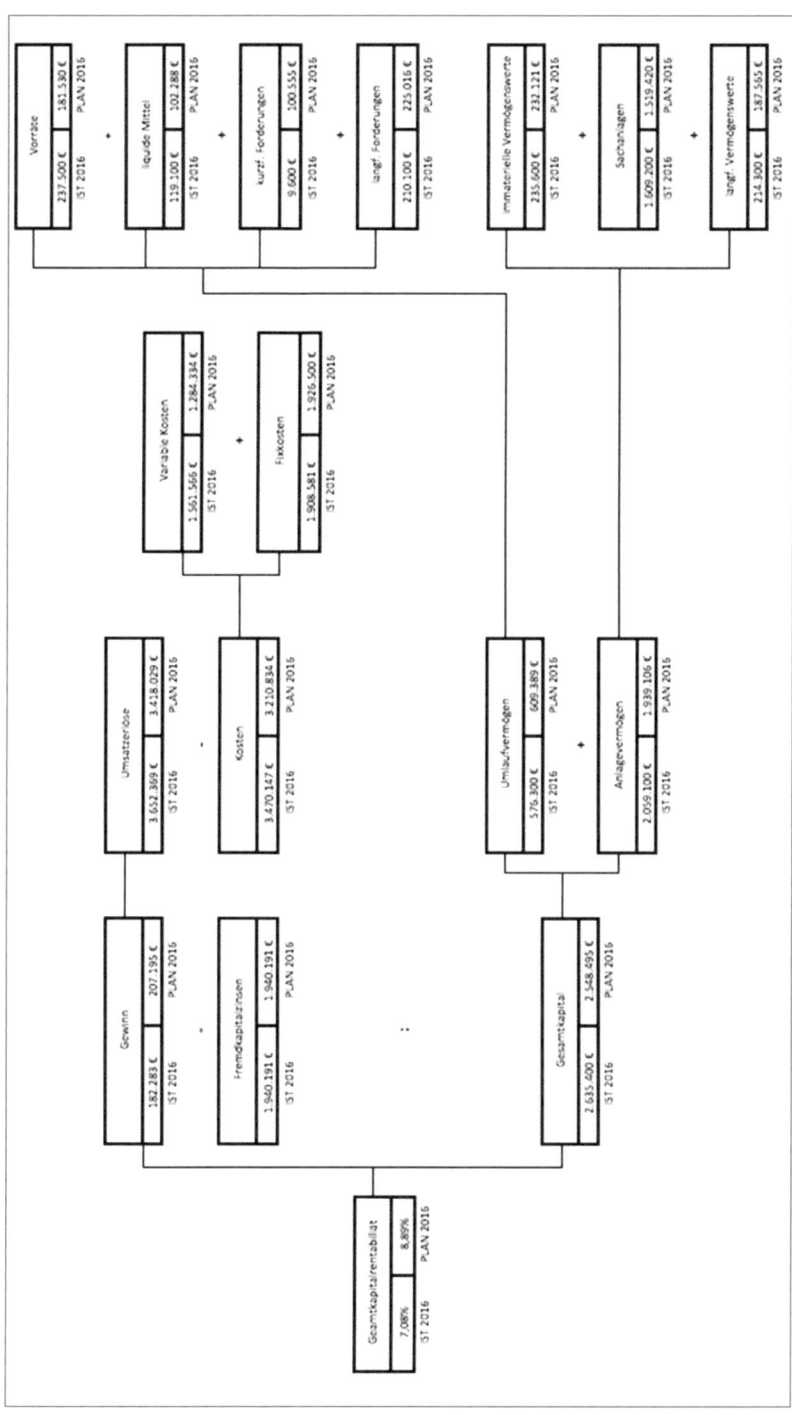

Zum besseren Verständnis zeigt folgende Tabelle, wie sich die Plan- und Istzahlen des Controllingsystems im dritten, vierten und fünften Rang errechnen.

Tabelle 5: Berechnung relevanter Kennzahlen im Controllingsystem

Kennzahl	2015	Geplante Veränderung	PLAN 2016	IST 2016
Immaterielle Vermögensgegenstände	239 300 €	-3 %	232 121 €	235 600 €
Sachanlagen	1 085 300 €	+40 %	1 519 420 €	1 609 200 €
Langfristige Vermögensgegenstände	163 100 €	+15 %	187 565 €	214 300 €
Vorräte	201 700 €	-10 %	181 530 €	237 500 €
liquide Mittel	83 500 €	+22,5 %	102 288 €	119 100 €
Kurzfristige Forderungen	110 500 €	-9 %	100 555 €	9 600 €
langfristige Forderungen	255 700 €	-12 %	225 016 €	210 100 €
Umsatz	3 150 257 €	+8,5 %	3 418 029 €	3 652 369 €
Kosten	3 057 937 €	+5 %	3 210 834 €	(3 057 937 € + 13,48 %) 3 470 147 €
Variable Kosten	Keine Angabe	Keine Angabe	(3 210 834 € - 1 926 500 €) 1 284 334 €	(45 % von 3 470 147 €) 1 561 566 €
Fixkosten	Keine Angabe	Keine Angabe	(60 % von Gesamtkosten PLAN 2016 → 60 % von 321 834 €) 1 926 500 €	(3 470 147 € – 1 561 566 €) 1 908 581 €

2.3 Interpretation eines Controllingsystems

Das dargestellte Rechensystem ermöglicht durch die Gegenüberstellung von Ist- und Planzahlen eine Kontrolle der gewählten Größen. Der Betrieb kann so positive als auch negative Abweichungen vom Planwert messbar machen, sich einen Überblick über die aktuelle betriebswirtschaftliche Lage verschaffen und die Zahlen mit branchenspezifischen Werten vergleichen. Außerdem kann das Unternehmen bei der Veränderung einzelner Werte im System deren direkte Auswirkungen lokalisieren, da die Werte miteinander durch Formeln verknüpft sind.

Allgemein ist zu beobachten, dass alle Istwerte, bis auf die von der Bank bestimmten Fremdkapitalzinsen, welche einen stetigen Wert aufweisen, von den Planwerten minimal abweichen. Dies ist dennoch positiv zu deuten, da das Unternehmen im Vorjahr erfolgreich und realitätsnah vorausgeplant hat.

Die Gesamtkapitalrentabilität des Unternehmens liegt bei 7,08 % und weicht negativ um fast 2 % vom Planwert ab, wobei hier eine Zahl zwischen 10-12 % empfohlen wird (Vollmuth, 2009, S. 207). Die Größe allgemein gibt die Verzinsung des gesamt investierten Kapitals im Unternehmen an. Der Grund für den nicht erreichten Planwert ist der direkt im Zusammenhang stehende Gewinn, dessen Differenz zum Gewinnplanwert rund 25.000 € beträgt und die Gesamtkapitalrentabilität schmälert.

Gründe für den Gewinnverlust gegenüber den Planwerten liegen in den Kosten, denn die Umsatzerlöse übersteigen sogar den Planwert im betrachteten Jahr. Betrachtet man den Gesamtkostenblock im Detail, fallen die massiv gesteigerten variablen Kosten auf. Diese könnten beispielsweise auf die Neuanstellung von Personal zurückzuführen sein, welches für die Produktion erhöhter Vorräte und damit für die Erzielung größerer Umsatzerlöse benötigt wird.

Das Gesamtkapital jedoch übersteigt den Planwert um rund 86.000 €, was größtenteils auf die Erhöhung des Anlagevermögens zurückzuführen ist. Das Anlagevermögen liegt hierbei knapp 119.000 € über dem Sollwert und zeichnet mit über 2 Mio. € den Großteil aus. Diese Steigerung setzt sich direkt aus der Summe der erhöhten Istwerte von immateriellen Vermögensgegenständen, Sachanlagen und langfristigen Vermögenswerten zusammen. Gründe für das erhöhte Anlagevermögen könnten Investitionen im Bereich Lizenzen, der Kauf von Maschinen zur Produktion von Vorräten oder der Erwerb von Equipment sein.

Anschließend wird der geringere Anteil des Gesamtkapitals beleuchtet. Das Umlaufvermögen fällt negativ rund 33.000 € zum Planwert ab. Betrachtet man die

Zusammensetzung dieser Zahl wird jedoch ersichtlich, dass die Abweichung größtenteils auf die Verringerung der kurzfristigen Forderungen zurückzuführen ist. Diese betragen nur einen Bruchteil vom Planwert. Ein Grund hierfür kann in einer Optimierung des Forderungsmanagements liegen, welches sich direkt in den erhöhten liquiden Mitteln von 119.100 € spiegelt.

3 Kostenrechnung

3.1 Zuschlagskalkulation

Nachstehend wird für das Warenhaus XY GmbH eine Handlungskalkulation für eine Sportuhr durchgeführt, die neu in das Sortiment aufgenommen werden soll. Damit der Bruttoverkaufspreis ermittelt werden kann, wird in Tabelle 5 und 6 zuerst der Handlungskostenzuschlag errechnet.

Tabelle 6: Übersicht der Handlungskosten

Kostenarten	Kosten	In € (netto)
Gemeinkosten	Mietkosten	90 100 €
	Versicherungskosten	4 096 €
	Personalkosten	72 690 €
	Vertriebskosten	5 240 €
Summe Gemeinkosten		172 126 €
Einzelkosten	Wareneinsatzkosten	272 600 €
Summe Einzelkosten		272 600 €
Handlungskosten		**444 726 €**

Tabelle 7: Ermittlung des Handlungskostenzuschlags

Handlungskostenzuschlag	
Formel	Gemeinkosten : Einzelkosten x 100
Rechenweg	(172 126 € : 272 600 €) x 100
Ergebnis	**63,14 %**

In untenstehender Rechnung wird nun der Bruttoverkaufspreis von 199,15 € ausgehend vom gegebenen Listeneinkaufspreis (Netto) von 69,50 € ermittelt.

Tabelle 8: Handelskalkulation

	Handelskalkulation		
	Einkaufspreis (Brutto)	82,71 €	19 %
	Listeneinkaufspreis (Netto)	69,50 €	
	-Rabatt	1,67	2,4 %
	=Zieleinkaufspreis	67,83 €	
EIN-KAUF	-Skonto	0,68 €	1 %
	=Bareinkaufspreis	67,15 €	
	+Bezugskosten	0,75 € +1,50 € = 2,25 €	
	=Bezugspreis	69,40 €	
	+Handlungskosten	43,82 €	63,14 %
	=Selbstkosten	113,20 €	
	+Gewinn	43,02 €	38 %
VER-KAUF	=Barverkaufspreis	156,22 €	
	+Skonto	4,69 €	3 %
	=Zielverkaufspreis	160,91 €	
	+Rabatt	6,44 €	4 %
	=Listenverkaufspreis (Netto)	167,35 €	
	=Verkaufspreis (Brutto)	**199,15 €**	**19 %**

3.2 Deckungsbeitragsrechnung

Folgend wird der Bruttoverkaufspreis, der für eine Laufbandanalyse verlangt werden muss, damit der Deckungsbeitrag dieses Angebots nicht negativ ist (DB = 0,00 €), kalkuliert.

Tabelle 9: Angaben zur Deckungsbeitragsrechnung

Angaben zur Deckungsbeitragsrechnung	
Kaufinteressenten Laufschuhe pro Monat	240
Kaufinteressenten Laufbandanalyse	33 % der Kaufinteressenten Laufschuhe
Käufer Laufschuhe	70 % der Kaufinteressenten Laufbandanalyse
Verkaufsprovision pro Schuh	5,00 € (Netto)
Gesamtfläche Betrieb	1200 qm
Miete Betrieb Gesamtfläche /Monat	8 900 € (Netto)
Nebenkosten	5 %
Gesamtfläche Laufbandanalyse	20 qm
Miete Laufbandanalyse /Monat	20 qm anteilig
Abschreibungen /Monat	3 850 € (Brutto)
Deckungsbeitrag	0,00 €

Tabelle 10: Deckungsbeitragsrechnung

Verkaufspreis Brutto		
	Rechenweg	**Ergebnis**
Miete	8 900 € : 1200 qm = 7,42 €/qm 20 qm x 7,42 €/qm = 148,40 €/Monat	148,40 €
Nebenkosten	(148,40 € Miete x 5 %) : 100% = 7,42 €/ Monat	7,42 €
Provision	70% von 80 Kunden = 56 Kunden/ Monat 56 Schuhe x 5,00 €	280,00 €
Abschreibungen	3 850 € (Brutto) 3 850 €: 1,19 = 3235,29 € (Netto) 3235,29 € : (12 Monate x 6 Jahre Nutzungs- dauer) = 44,93 €/ Monat	44,93 €
Summe Gesamtkosten	148,40 € + 7,42 €+ 280,00 € + 44,93 €	**480,75 €**
Deckungsbeitrag		0,00 €
Umsatz	Gesamtkosten + Deckungsbeitrag 480,75 € + 0,00 €	480,75 €
Anzahl der Kunden	24 Vollzahler 56 Zahler mit 50% Ermäßigung= 28 Vollzahler	52
Verkaufspreis (Netto)	Umsatz : Anzahl der Kunden 480,75 € : 52 Kunden	9,25 €
Verkaufspreis (Brutto)	**9,25 € x 1,19**	**11,00 €**

Der errechnete Bruttoverkaufspreis für die Laufbandanalyse beträgt demnach 11,00 €, wobei der Deckungsbeitrag nicht negativ ist.

3.3 Interpretation einer Deckungsbeitragsrechnung

„Sollte der Deckungsbeitrag II eines Unternehmensbereiches negativ sein, der Deckungsbeitrag I jedoch positiv, so ist die einzig richtige Unternehmensstrategie, dass dieser Geschäftsbereich aufgegeben werden muss."

Diese Aussage stellt die Deckungsbeiträge in Relation zu einander und zielt auf die Bedeutung und Aussage der verschiedenen Deckungsbeitragsrechnungen im Hinblick auf die Erfolgsermittlung des Unternehmens ab. Ist der Deckungsbeitrag II negativ, bedeutet das, dass die Netto-Gesamterlöse abzüglich der variablen Kosten sowie der Fixkosten keinen positiven Wert ergeben. Folglich verdient das Unternehmen hierbei nichts, im Gegenteil, der Betrieb verbucht einen Verlust mit dem generierten Umsatz.

Ist der Deckungsbeitrag I positiv, heißt das schlussfolgernd lediglich, dass die Netto-Umsatzerlöse abzüglich der variablen Kosten einen positiven Wert ergeben, die für den

Gewinn entscheidenden Fixkosten jedoch unberücksichtigt geblieben sind (Vollmuth, 2008, S. 34).

Der obenstehenden Aussage ist folglich zuzustimmen. Der Geschäftsbereich mit einem negativen Deckungsbeitrag II ist nicht rentabel und sollte schlussfolgernd aufgegeben werden, auch wenn der Deckungsbeitrag I positiv ist. Die Aufgabe des Geschäftsbereichs sollte jedoch strategisch im Hinblick auf die Fixkosten geschehen, die erfahrungsgemäß in der Praxis nicht einfach kurzfristig eliminiert werden können. Wird der Geschäftsbereich also sofort aufgegeben, könnten noch größere finanzielle Verluste aufgrund weiterlaufender Fixkosten die Folge sein.

4   Literaturverzeichnis

Mohr,   B.   (2016).   Von   https://www.creditreform-
       rating.de/pub/media/global/page_document/Creditreform_Rating-DIFG-
       Branchenreport-2016.pdf abgerufen

Vollmuth, H. (2008). *Controlling - Instrumente von A-Z* (7 Ausg.). Planegg/München:
       Rudolf Haufe Verlag GmbH & Co. KG.

Wöltje, J. (2011). *Betriebswirtschaftliche Formelsammlung.* Freiburg: Haufe-Lexware
       GmbH & Co. KG.

5   Abbildungs- und Tabellenverzeichnis

5.1 Abbildungsverzeichnis

Abbildung 1: Kennzahlensystem (eigene Darstellung)... 8
Abbildung 2: Controllingsystem (eigene Darstellung) 10

5.2 Tabellenverzeichnis

Tabelle 1: Vertikale Strukturbilanz (Passivseite) für 2015 und 2016 3
Tabelle 2: Kennzahlen der vertikalen Strukturanalyse (Passivseite) für 2015 und 2016............. 3
Tabelle 3: Kennzahlen der kurzfristigen Finanzanalyse für 2015 und 2016................. 4
Tabelle 4: Kennzahlen der Erfolgsanalyse für 2015 und 2016 5
Tabelle 5: Berechnung relevanter Kennzahlen im Controllingsystem........................ 11
Tabelle 6: Übersicht der Handlungskosten 13
Tabelle 7: Ermittlung des Handlungskostenzuschlags.. 13
Tabelle 8: Handelskalkulation... 14
Tabelle 9: Angaben zur Deckungsbeitragsrechnung... 14
Tabelle 10: Deckungsbeitragsrechnung 15